Mein erster Dino-Mitmachspaß

Text: Kirsteen Robson

Gestaltung: Jenny Brown

Illustrationen:
Samara Hardy, Ana Bermejo,
Jordan Wray, Malu Lenzi, Helen Prole,
Angela Sbandelli und Mette Engell

Wie viele Dinosaurier siehst du in diesem Wald?

1

Lösung:

.....................?

Führe diese Dino-Mama zu ihren Babys.

Findest du drei Unterschiede? Kreise sie ein.

Diesem Saurier fehlen noch Hörner. Male sie fertig.

Kreise den Dino ein,
dem dieser Schatten
gehört.

Verbinde die Punkte der Reihe nach.

Finde das Tier, das kein
Saurier ist, und kreise es ein.

Wovon träumt das Dino-Baby?
Male es in die Wolke.

Wo sind nur meine drei Eier?
Welcher Saurier trägt Stiefel?
Wer von uns frisst gerade Blätter?

Welche Abdrücke gehören zu welchem Dinosaurier? Folge den Spuren.

Suche diese Ausschnitte im Bild und kreise sie ein.

12

Siehst du hier mehr Flugsaurier mit Kamm auf dem Kopf oder ohne?

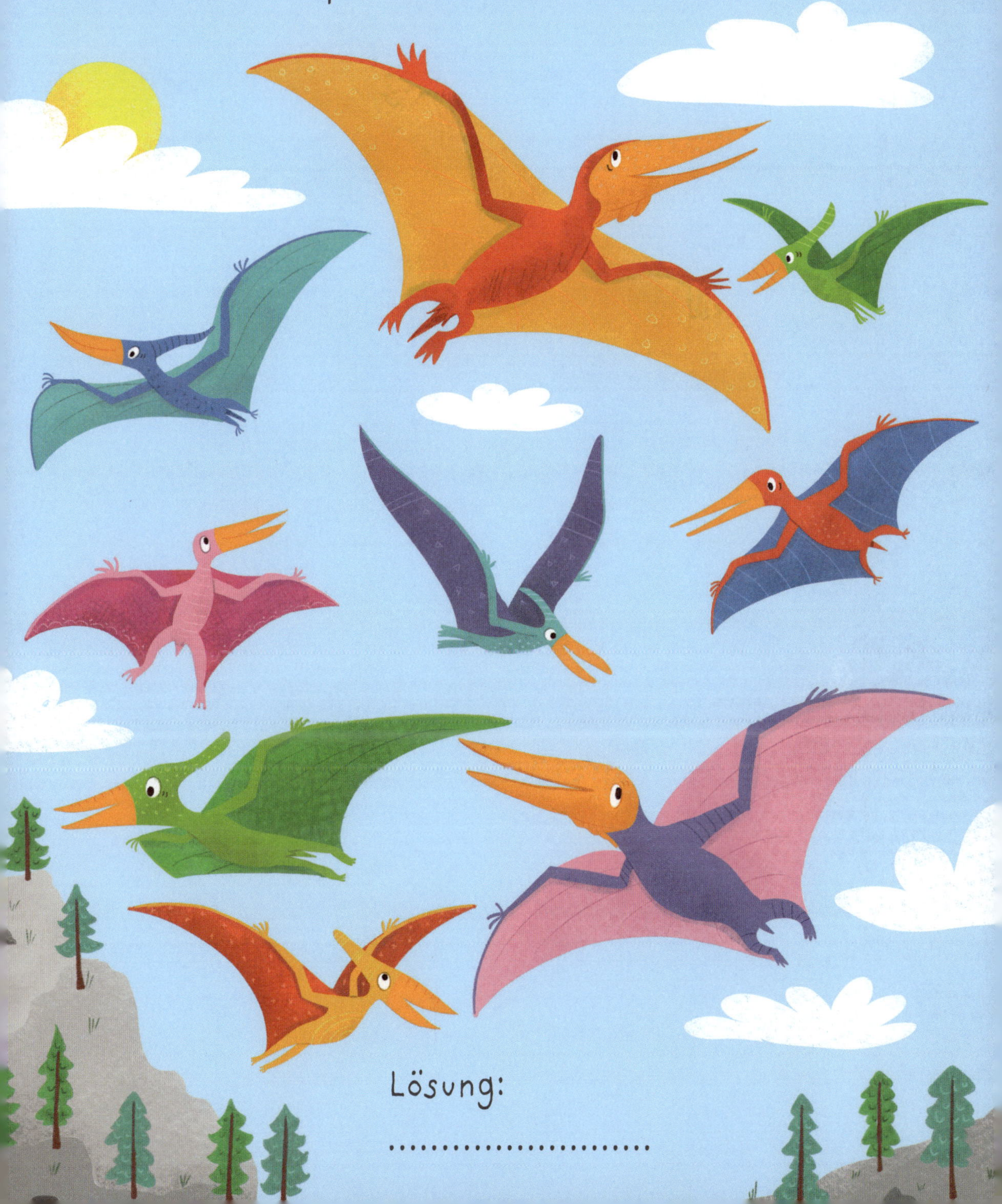

Lösung:

....

Fahre die gepunktete Linie nach.

Führe die blaue Dino-Mutter zu ihrem Jungen, ohne dass sie auf einen roten Velociraptor trifft.

Welches Quadrat passt ins Bild? Kreise es ein.

Zeichne noch mehr Blätter als Futter für diese hungrigen Dinos.

Zählst du hier mehr blaue oder mehr rote Saurier?

Lösung: ....

Kannst du drei Unterschiede entdecken?

Kreise diese Ausschnitte im großen Bild ein.

Zeichne mehr Eier in diese Nester.

Kreise drei Tiere ein, die keine Saurier sind.

Zeige dem Ankylosaurus, wie er zu seinem Freund gelangt.

Finde die unten stehenden Wörter. Sie können waagerecht oder senkrecht versteckt sein.

U	T	B	E	U	T	E	L
P	I	N	S	E	L	G	P
K	N	O	C	H	E	N	S
U	K	N	F	S	O	S	P
G	E	I	M	E	R	T	A
H	A	M	M	E	R	I	T
S	C	H	N	U	R	F	E
M	E	S	S	E	R	T	L

Stift ✓	Messer	Spatel
Eimer	Knochen	Hammer
Pinsel	Beutel	Schnur

Welcher Saurier hat am Baum geknabbert?

Er hat Streifen ...

... einen langen Hals ...

... und einen Kamm auf dem Kopf.

Kreise den Ammoniten ein, der verkehrt herum schwimmt.

Suche und kreise ein:

drei Libellen

einen lilafarbenen Saurier

drei gelbe Seerosen

und fünf Fische.

Auf welchem Weg wachsen die meisten Pflanzen?

Findest du drei Unterschiede? Kreise sie ein.

Verbinde erst die blauen und dann die orangefarbenen Punkte der Reihe nach.

Kreise den Flugsaurier ein,
der zu diesem Schatten passt.

Welcher Graben enthält die meisten Fossilien?

Zeichne noch mehr blattförmige Knochenplatten auf die Rücken der Stegosaurier.

Suche diese Tiere im Bild und kreise sie ein.

Welcher Ankylosaurus hat an der Pflanze geknabbert? Folge den gestrichelten Linien.

Verbinde jeden Velociraptor mit seinem Zwilling.

Welches Quadrat passt in das Bild?
Kreise es ein.

Verbinde erst die orange-farbenen, dann die grünen Punkte der Reihe nach.

Führe den Spinosaurus zurück zum Fluss.

Kannst du drei Unterschiede aufspüren?
Kreise sie ein.

Zeichne diesen Sauriern mehr Zähne.

Zeichne den Dinos den Weg vor, ohne die Ränder zu berühren.

42

Zählst du mehr Dinos mit Hörnern oder ohne?

Lösung:

....

Finde alle Buchstaben dieses Wortes und kreise sie ein. W A S S E R

Welches Bild sieht Tom durch sein Fernglas?
Kreise es ein.

A

B

C

Führe Dina über den Pfad mit den wenigsten hungrigen Tyrannosaurus rex ins Tal.

Finde die unten stehenden Wörter. Sie können waagerecht oder senkrecht versteckt sein.

T U L A M S A S
P L A T T E N C
E H N Z A H N H
A U G E Q K E U
K R A L L E N P
S C H A R F M P
D S C H W E R E
S T A C H E L N

lang ✓
Auge
Krallen
scharf
Platten
Zahn
Stacheln
schwer
Schuppen

Führe die Familie durch den Dino-Park zum Ausgang.

Wo sind die Dinge auf Nabils Liste? Kreise sie ein.

Welche Schildkröte schwimmt ans Ufer?

Welches Quadrat passt in das Bild?
Kreise es ein.

Fahre die gepunkteten Linien nach.

Welcher blaue Dino sieht anders aus als die anderen? Kreise ihn ein.

Führe Kemal und Katja über den hellgelben Weg zur Flugschaukel.

Kreise den Saurier ein, zu dem das Nest gehört.

Er ist rot ...

... hat Hörner ...

... und frisst gerade ein paar Blätter.

Verbinde die Punkte von 1 bis 13.

Suche und kreise ein:

zwei Saurierschädel

zwei Schubkarren

fünf Spaten

und sechs lange Dinosaurier-Knochen.

Kannst du drei Unterschiede entdecken?
Kreise sie ein.

Verbinde jedes Triceratops-Baby mit seinem Zwilling.

Führe den kleinen grünen Dino sicher zu seinem Felsenversteck.

60

Bringe die Bilder in die richtige Reihenfolge und nummeriere sie von 1 bis 4.

Fahre die gepunkteten Linien nach.
Was siehst du?

Welches Quadrat passt in die Lücke?
Kreise es ein.

Kreise das Bild ein, das anders aussieht als die anderen.

Finde und kreise ein:

sechs Eier

vier Pfotenabdrücke

drei Nester

und drei grüne Dinosaurier.

Führe die Gruppe zu den Saurier-Fossilien.

Kannst du drei Unterschiede finden?
Kreise sie ein.

Male alle Felder aus, die mit einem grünen Punkt markiert sind. Was siehst du?

Welches Bild ist durch das Autofenster zu sehen? Kreise es ein.

A

B

C

Zeichne die gepunkteten Linien nach.

Verbinde jeden Saurier mit seinem Zwilling.

Hast du meinen Hut gesehen?
Wer von uns hat die wenigsten Streifen?
Wo ist nur meine Brille hin?

Zeichne diesen Sauriern noch mehr Streifen, sodass jeder fünf hat.

Suche diese Ausschnitte im Bild und kreise sie ein.

Finde diese Gruppen unten im Bild und kreise sie ein.

1.

2.

Suche alle Buchstaben dieses Wortes und kreise sie ein.

FLÜGEL

Welchem Saurier gehört dieser Schatten?

Hilf dem blauen Saurier, den Weg zu seiner Freundin zu finden.

Welches dieser Bilder sieht der Flugsaurier aus der Luft?

A

B

C

Gelingt es dir, fünf Unterschiede zu finden?
Kreise sie ein.

Finde und kreise ein:

eine Vulkantorte

drei Ballons

fünf Dino-Eier

und ein rotes Geschenk.

Kreise den Flugsaurier ein, der in die andere Richtung fliegt.

Bringe die Bilder in die richtige Reihenfolge und nummeriere sie von 1 bis 4.

Führe Kofi durch den Dino-Irrgarten, in dem er jeden Saurier besuchen möchte. Die Bilder links zeigen dir die richtige Reihenfolge.

Finde diese beiden Ausschnitte im Bild unten und kreise sie ein.

1.

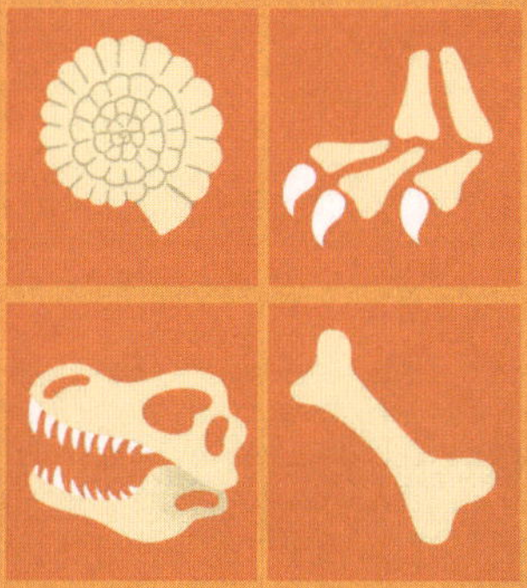

2.

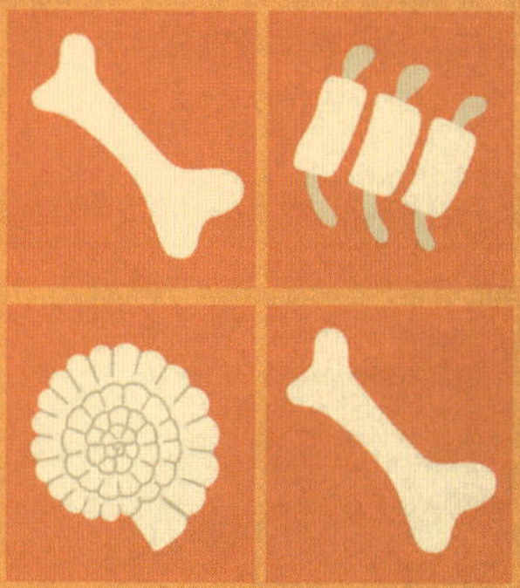

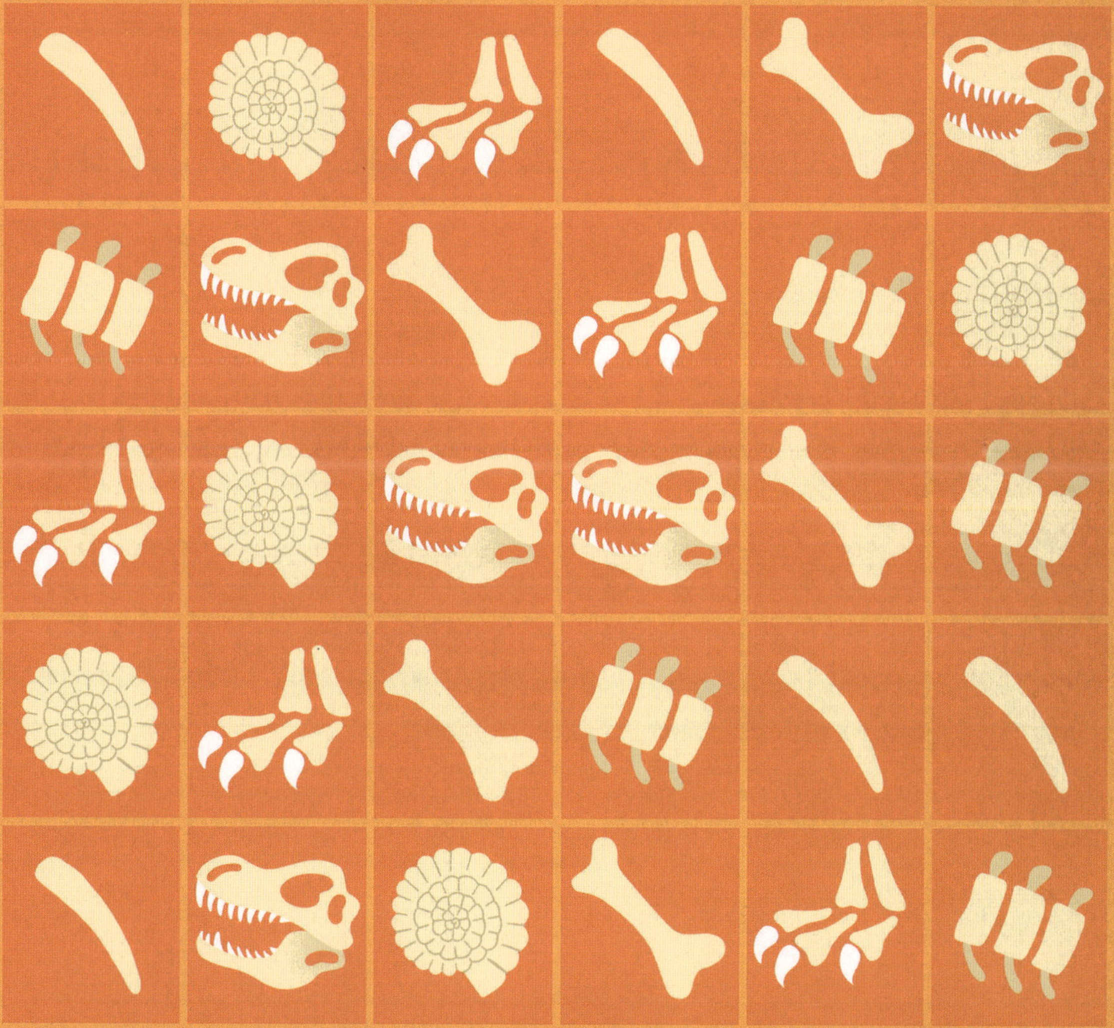

Suche und kreise ein:

zwei grüne Tyrannosaurus rex

fünf Schmetterlinge

drei kahle Bäume

und einen rauchenden Vulkan.

Kannst du fünf Unterschiede entdecken?
Kreise sie ein.

Fahre mit einem Stift den Pfad entlang, ohne die Ränder zu berühren.

Finde die unten stehenden Wörter. Sie können waagerecht oder senkrecht versteckt sein.

R Ü C K G R A T
D B P A Z T B S
L K Ü R E S E C
K A M M H N I H
O X Ä E E T N W
P C H W N N E A
F F I N G E R N
S K E L E T T Z

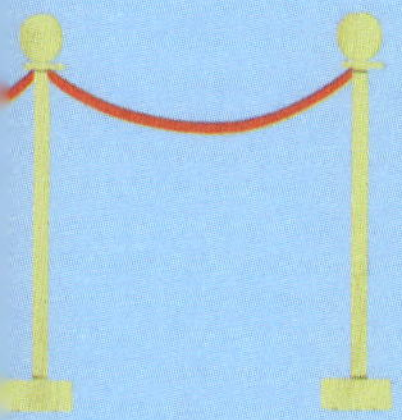

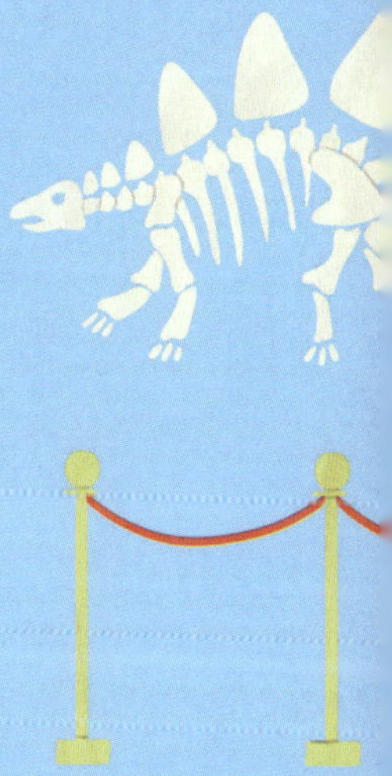

Arme ✓	Schwanz	Finger
Kopf	Zehen	Rückgrat
Beine	Kamm	Skelett

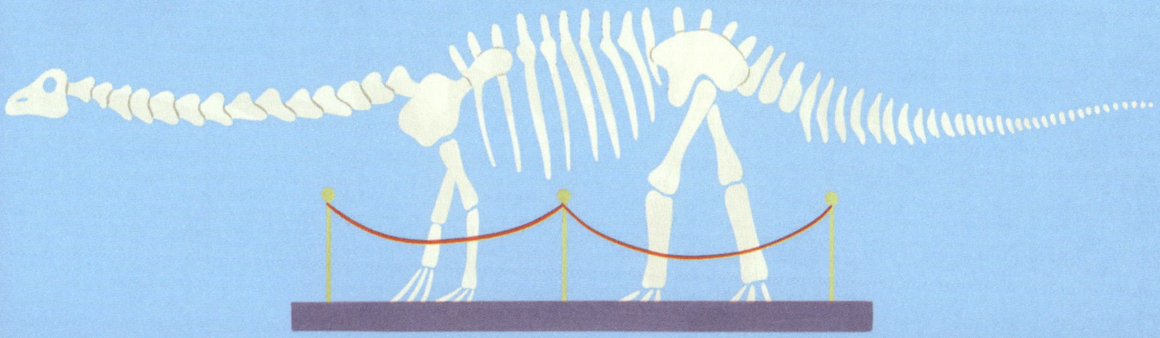

Fünf Dinge sind hier zweimal zu sehen.
Kreise sie ein.

Führe den Dinosaurier zu dem Nest mit den meisten Eiern.

Male alle Felder aus, die mit einem rosafarbenen Punkt markiert sind. Was siehst du?

Findest du fünf Unterschiede? Kreise sie ein.

Wer hat den ersten Knochen dieses Tyrannosaurus rex entdeckt? Er oder sie ...

... trägt einen Hut ...

... ein grünes Oberteil ...

... und hat einen Spaten in der Hand.

Welches Quadrat passt ins Bild? Kreise es ein.

Lösungen

1 Es sind 8 Dinosaurier.

2

3

5

6

7
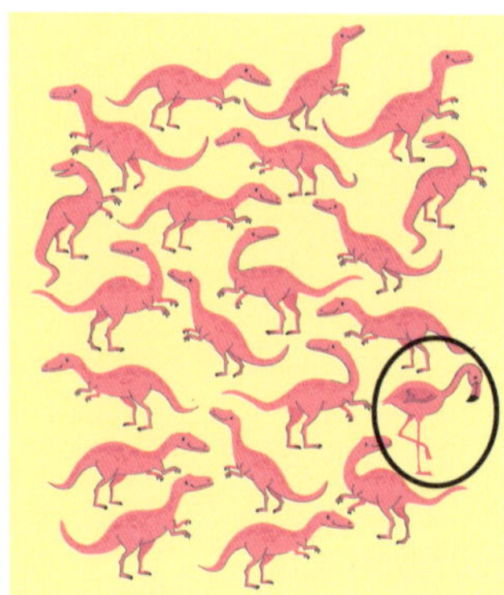

9

10

11

12 Es sind mehr Saurier mit Kamm zu sehen.

14

Lösungen

15

21

24

17 Es sind mehr blaue Saurier.

22

25

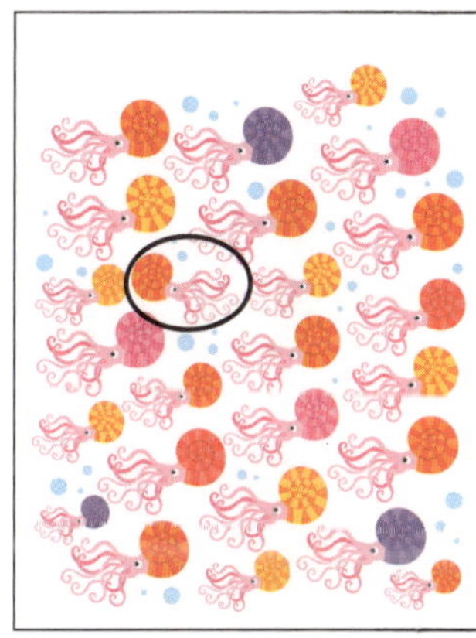

18

26

19

23

Lösungen

27

28

29

30

31

33

34

35

36

37

Lösungen

38

39

42 Es sind mehr Saurier ohne Hörner zu sehen.

43

44 Lösung: B

45

46

T	U	L	A	M	S	A	S
P	L	A	T	T	E	N	C
E	H	N	Z	A	H	N	H
A	U	G	E	Q	K	E	U
K	R	A	L	L	E	N	P
S	C	H	A	R	F	M	P
D	S	C	H	W	E	R	E
S	T	A	C	H	E	L	N

47

48

49

Lösungen

50

52

53

54

55

56

57

58

59

60

Lösungen

62

63

64

65

66

67

68 Lösung: C

70

71

72

Lösungen

73

74

75

76

77

78 Lösung: C

79

80

81

82